# LES
# MONUMENTS DE PISE

# LES
# MONUMENTS DE PISE

AU

## MOYEN AGE

PAR

M. GEORGES ROHAULT DE FLEURY

ARCHITECTE

## ATLAS

PARIS

A. MOREL, LIBRAIRE-ÉDITEUR

13, RUE BONAPARTE, 13

M DCCC LXVI
1866

# A MONSIEUR THIERS

Monsieur,

La bonté avec laquelle vous avez accueilli mon premier travail sur Pise me fait espérer que vous voudrez bien en accepter le complément avec la même bienveillance. Je serais fier de le placer sous un si haut patronage et m'estimerais heureux d'offrir au glorieux défenseur de l'Église et de la liberté le souvenir de ces anciens arts qu'elles ont rendus si féconds.

Je viens donc encore vous soumettre ces nouvelles études, dans l'espoir que vous daignerez les agréer et qu'elles serviront de témoignage à ma vive reconnaissance et à mon profond dévouement.

Je suis avec respect, Monsieur, votre très-humble et obéissant serviteur,

Georges ROHAULT DE FLEURY.

Pise, 2 février 1866.

# TABLE DES PLANCHES

## ARCHITECTURE

| PLANCHES. | |
|---|---|
| I. | Frontispice. |
| II. | Plan de la ville de Pise. |
| III. | San-Paolo-a-Ripa. — Façade. Plan. |
| IV. | San-Cassiano. — Façade. Plan. |
| V. | — Élévation latérale. Détails. |
| VI. | San-Pietro-a-Grado. — Coupe. Plan. Détails. |
| VII. | San-Frediano. — Façade. Plan. |
| VIII. | Cathédrale. — Plan de la place. |
| IX. | — Restauration des quatre édifices. |
| X. | — Plans. |
| XI. | — Élévation principale. |
| XII. | — Élévation latérale. Nivellement. |
| XIII. | — Élévation postérieure. Tombeau de Buschetto. |
| XIV. | — Coupe longitudinale. |
| XV. | — Coupe transversale. Détails. |
| XVI. | Santa-Agata. — Élévation. Plan. Détails. |
| XVII. | Église du Saint-Sépulcre. — Plan. Coupe. Élévation. Détails. |
| XVIII. | Baptistère. — Plans. Chapiteaux. |
| XIX. | — Élévation et détails. |
| XX. | — Coupe. Cuve baptismale. |
| XXI. | — Détails de la porte principale. |
| XXII. | Campanile. — Plans. Chapiteaux. |
| XXIII. | — Élévation. |
| XXIV. | — Coupe. |
| XXV. | — Détail de la porte. |
| XXVI. | — Détails de l'étage inférieur. |
| XXVII. | — Détails de l'étage supérieur. |
| XXVIII. | Tours servant d'habitation. |
| XXIX. | Maison du XIV$^e$ siècle. — Palais Gambacorti. Élévation. |
| XXX. | Palais Gambacorti. Plan. Détails. |

| PLANCHES. | |
|---|---|
| XXXI | Maison en briques, du xiv⁰ siècle, située sur le quai. |
| XXXII | San-Michele-in-Orticaia. — San-Pierino. |
| XXXIII | Saint-Nicolas. — Élévation restaurée. |
| XXXIV | — Campanile, coupe. Détails. |
| XXXV | Sainte-Catherine. — Élévation. Plan. |
| XXXVI | Saint-François. — Plan. Détails de la Tour. |
| XXXVII | Église de la Spina. — Élévation. |
| XXXVIII | — Plan et coupe. |
| XXXIX | Campo-Santo. — Élévation. Plan. |
| XL | — Coupe transversale. Vue perspective. Détails. |
| XLI | — Détails extérieurs. |
| XLII | — Détails intérieurs. |
| XLIII | San Michele-in-Borgo. — Façade. Détails. |

## SCULPTURE — PEINTURE

| | |
|---|---|
| XLIV | Frontispice. — Bénitier de la Cathédrale. |
| XLV | Origines latine et byzantine de la sculpture. |
| XLVI | Origine arabe de la sculpture. |
| XLVII | Détails en géométral du Dôme. |
| XLVIII | Sculptures au Dôme. |
| XLIX | Sculptures au Dôme. |
| L | Porte de bronze. |
| LI | Sculptures au Dôme. |
| LII | — au Baptistère. |
| LIII | Chaire du Baptistère. |
| LIV | Ancienne chaire du Dôme (fragments). |
| LV | Chaire actuelle (vue perspective). |
| LVI | Diverses sculptures de Jean de Pise. |
| LVII | Tombeau de Gherardesca. — Divers. |
| LVIII | Spina. — Sculpture de Nino. |
| LIX | Autel en marbre peint. — Thomas de Pise. |
| LX | Peintures. — École byzantine. |
| LXI | Crypte de Saint-Michel. |
| LXII | Miniatures des xII⁰ et xIV⁰ siècles. |
| LXIII | San-Pietro-a-Grado. — Giotto. — Vicino. |
| LXIV | Orgagna. |
| LXV | Antonio Veneziano. — Spinello. — Benozzo-Gozzoli. |
| LXVI | Benozzo-Gozzoli. — Vue de Pise. |

PARIS. — J. CLAYE, IMPRIMEUR, RUE SAINT-BENOIT, 7.

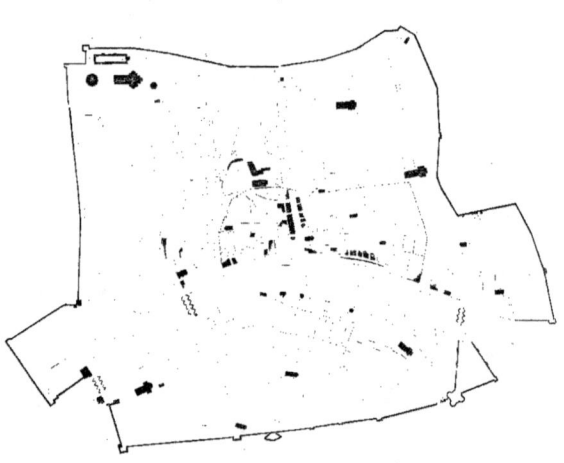

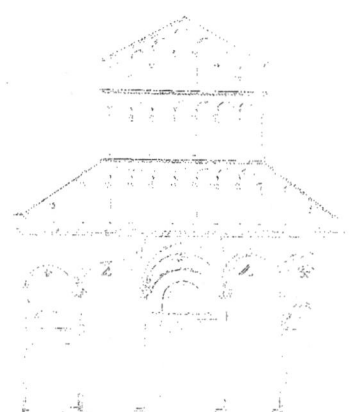

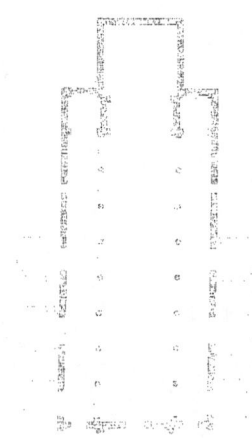

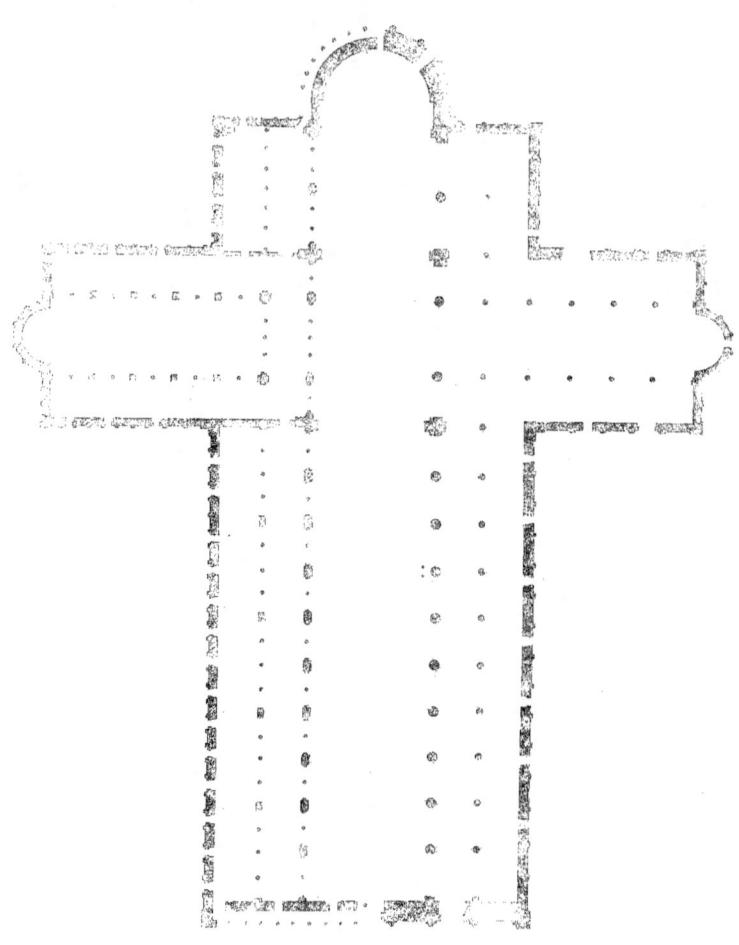

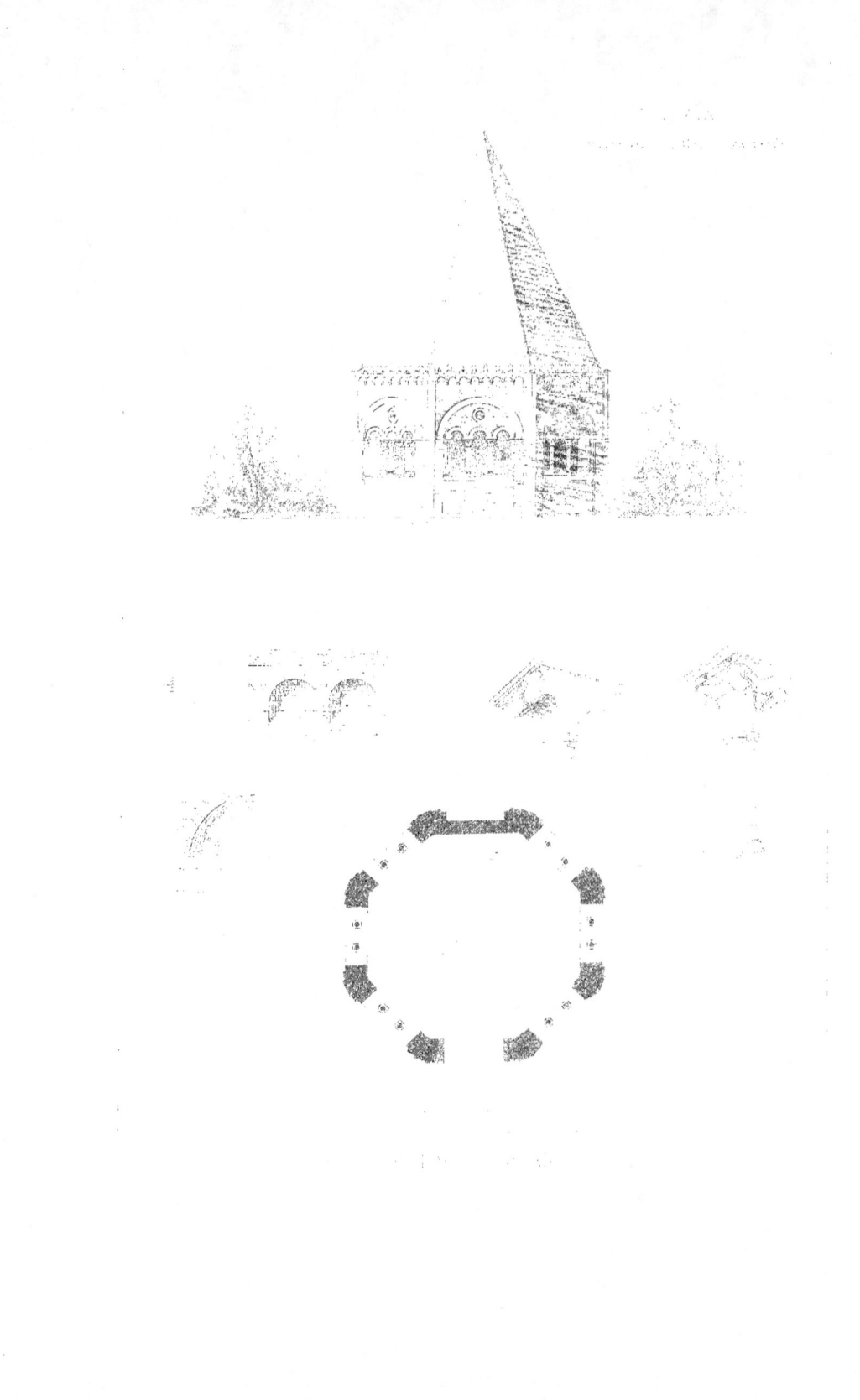

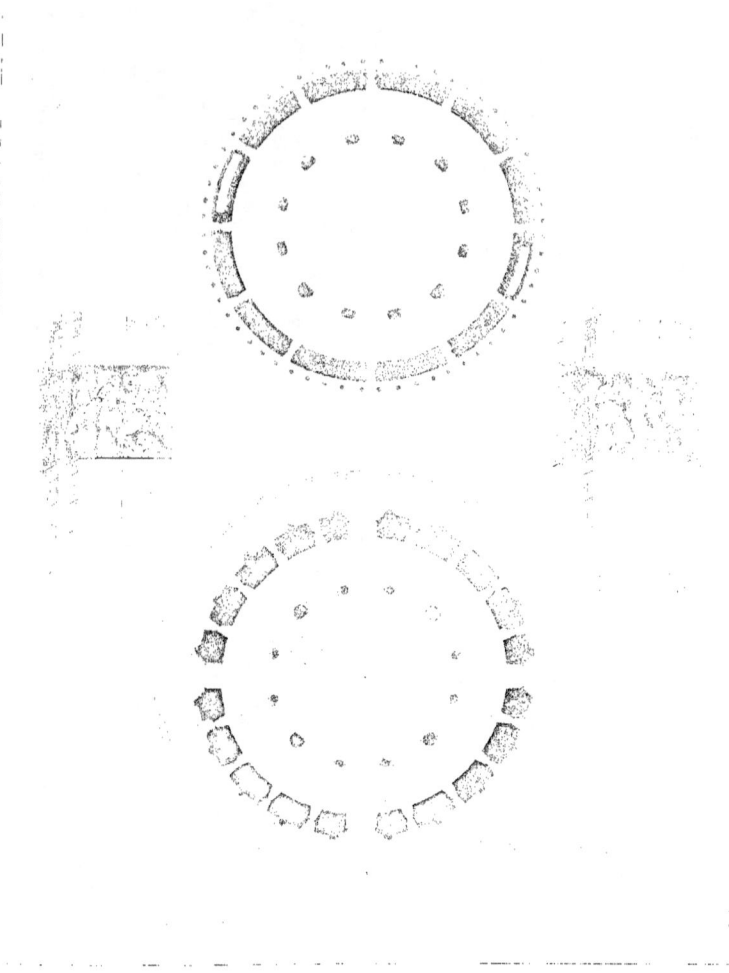

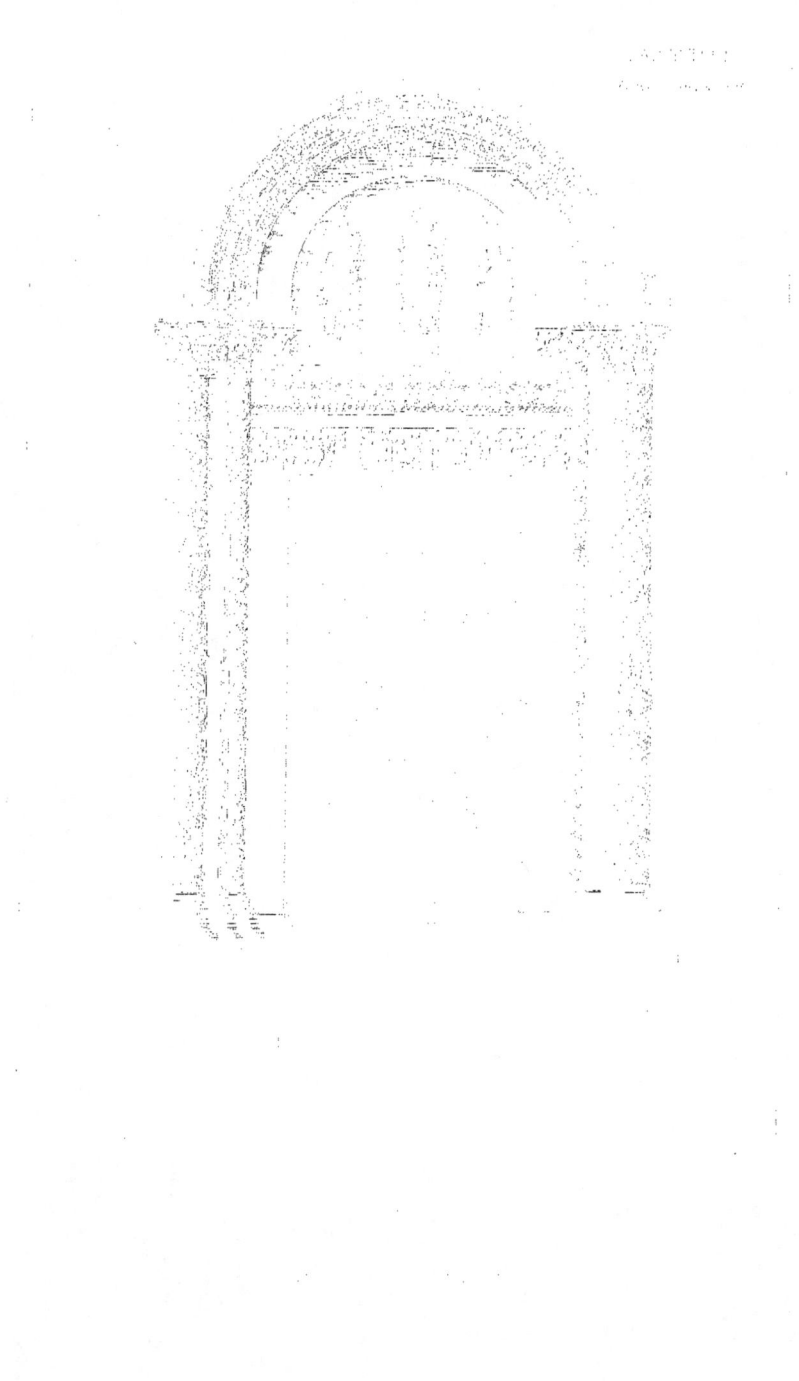

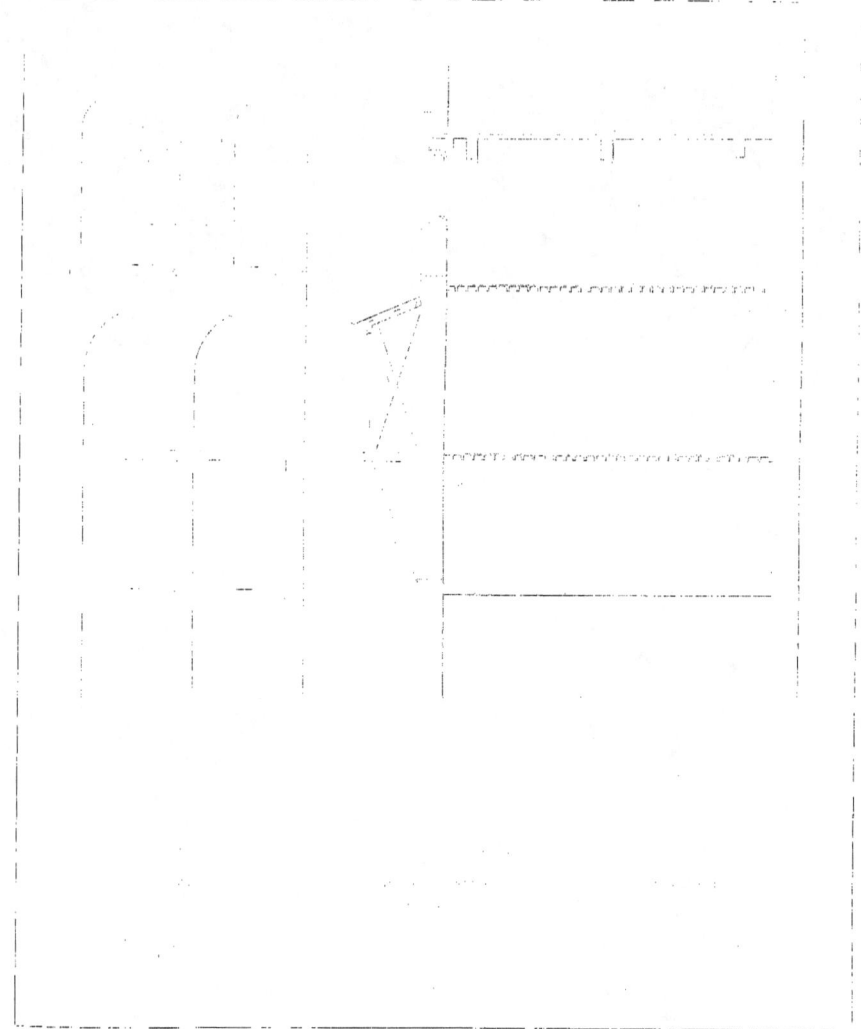

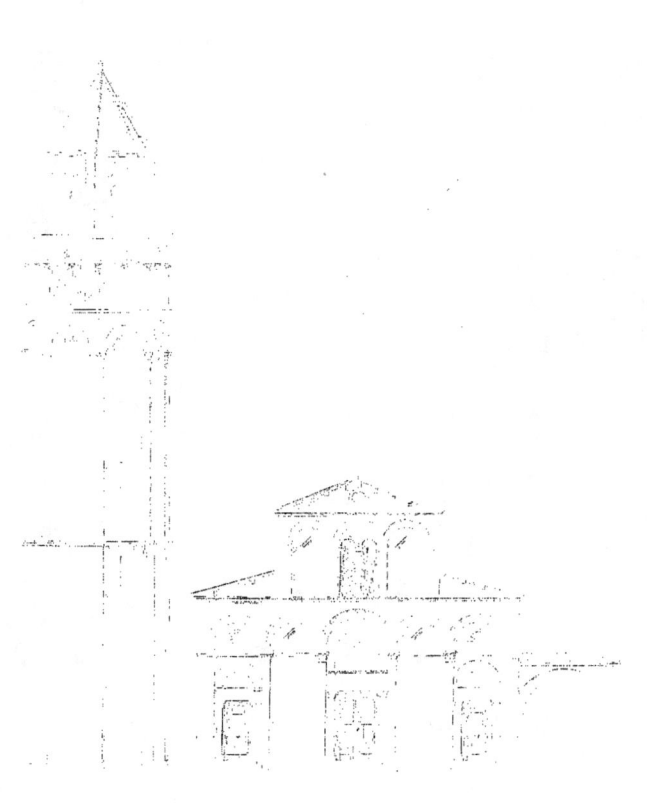

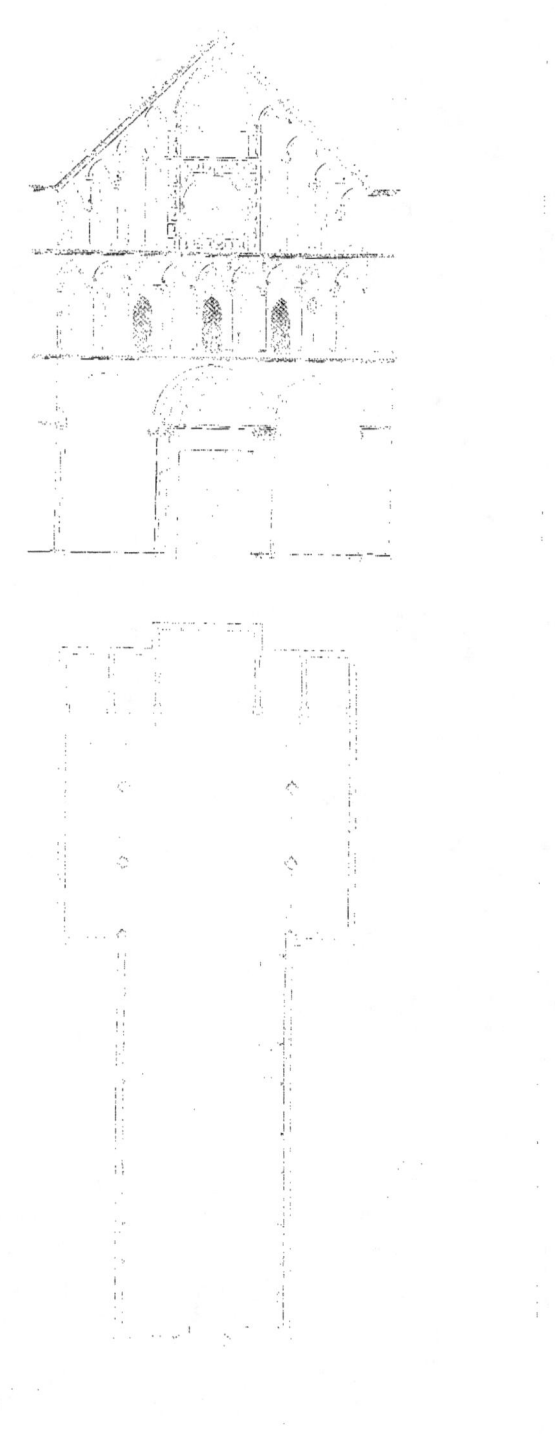

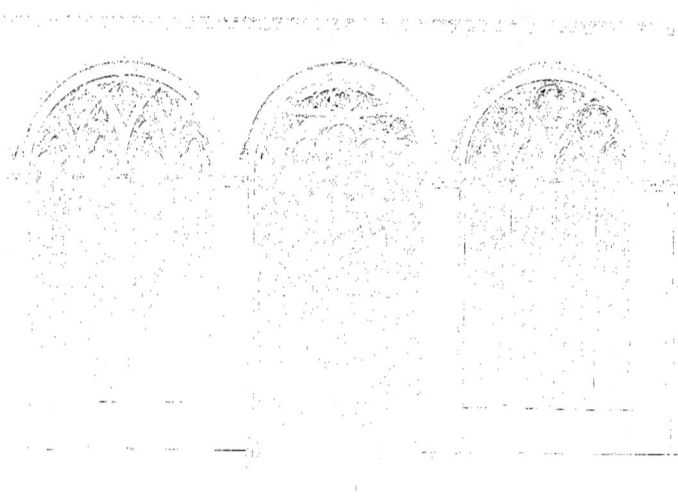

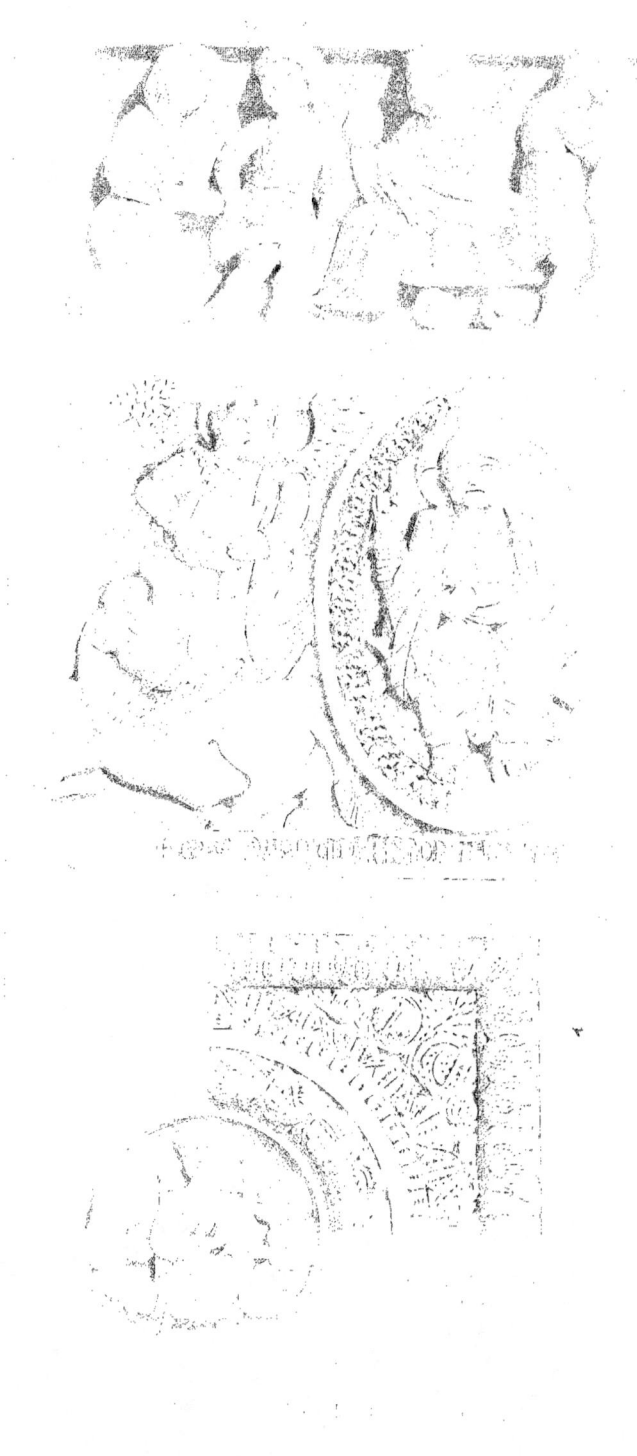

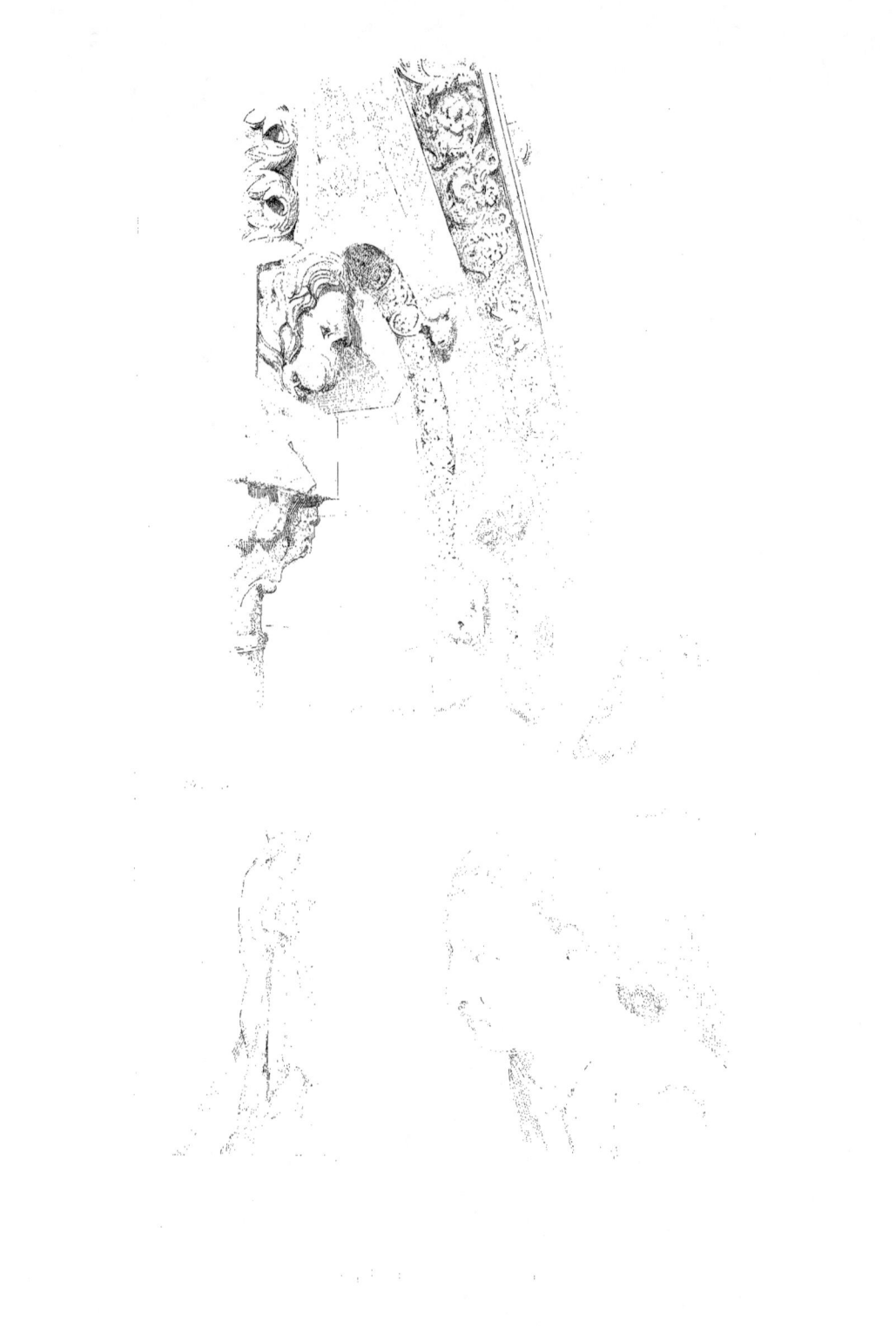

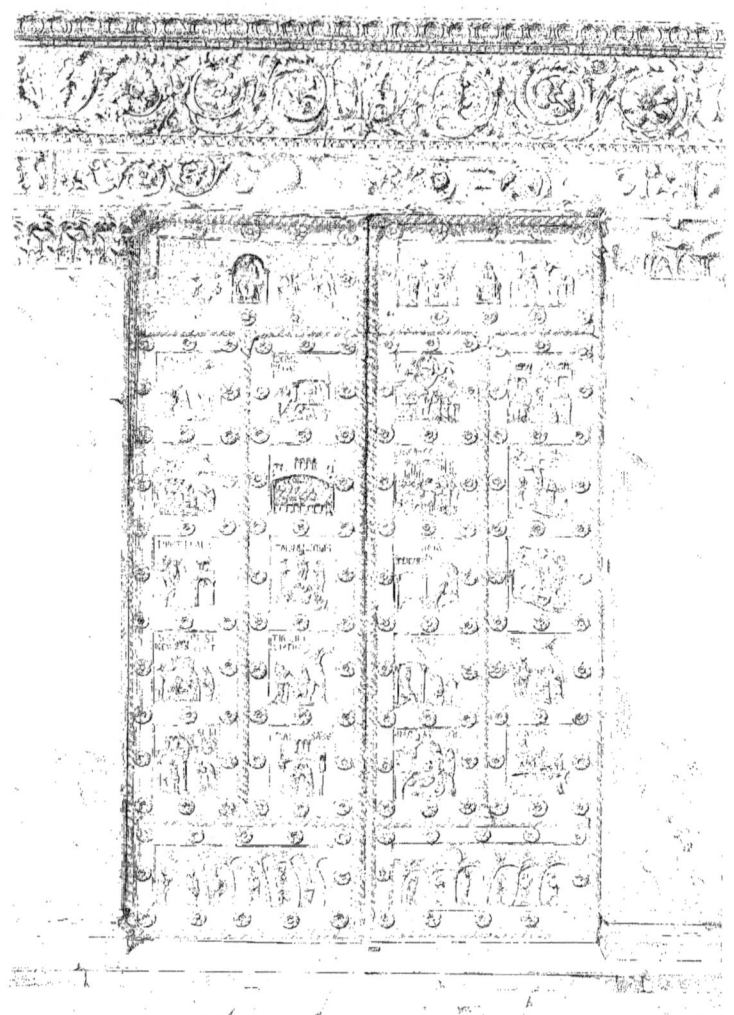

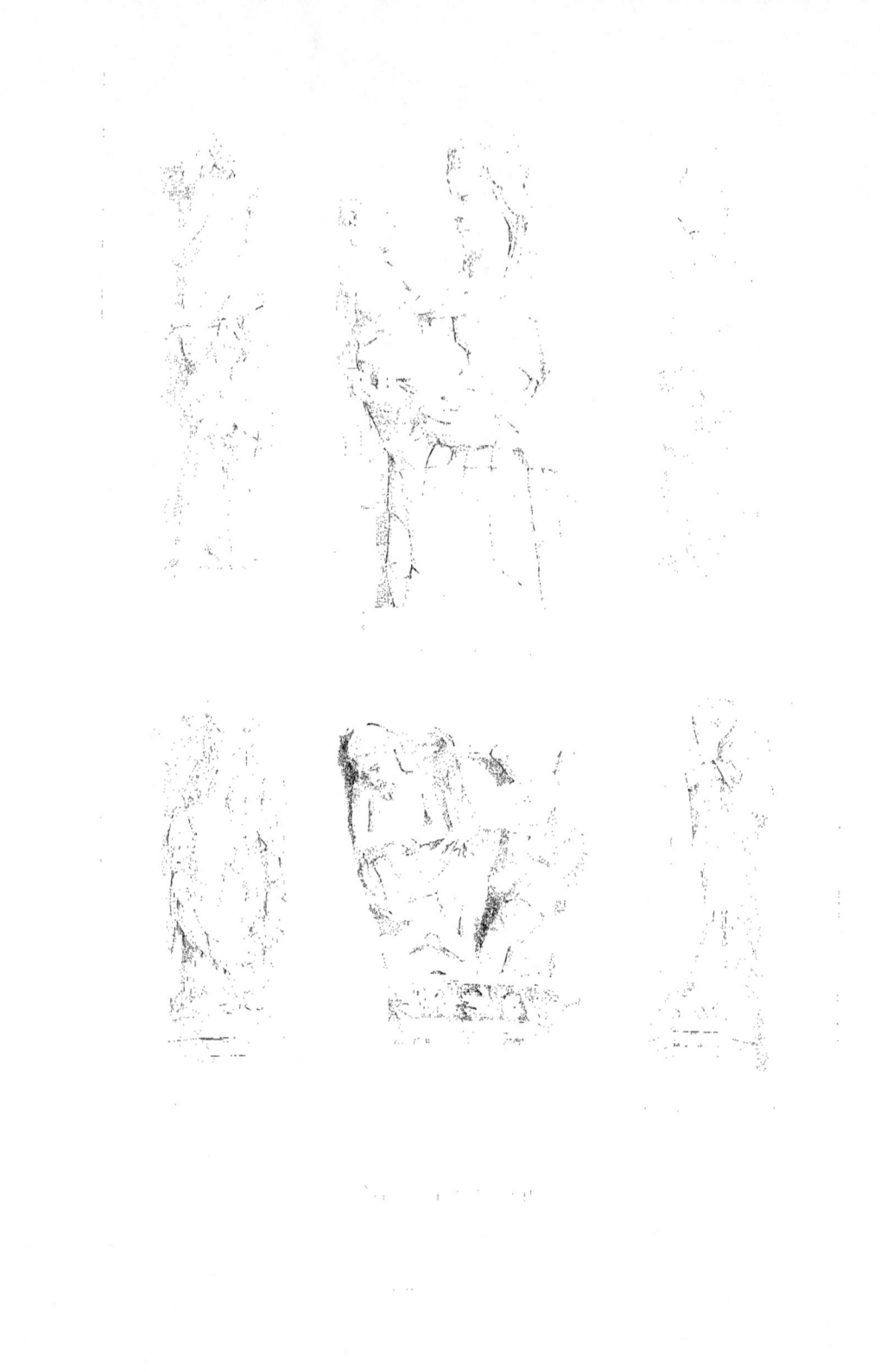

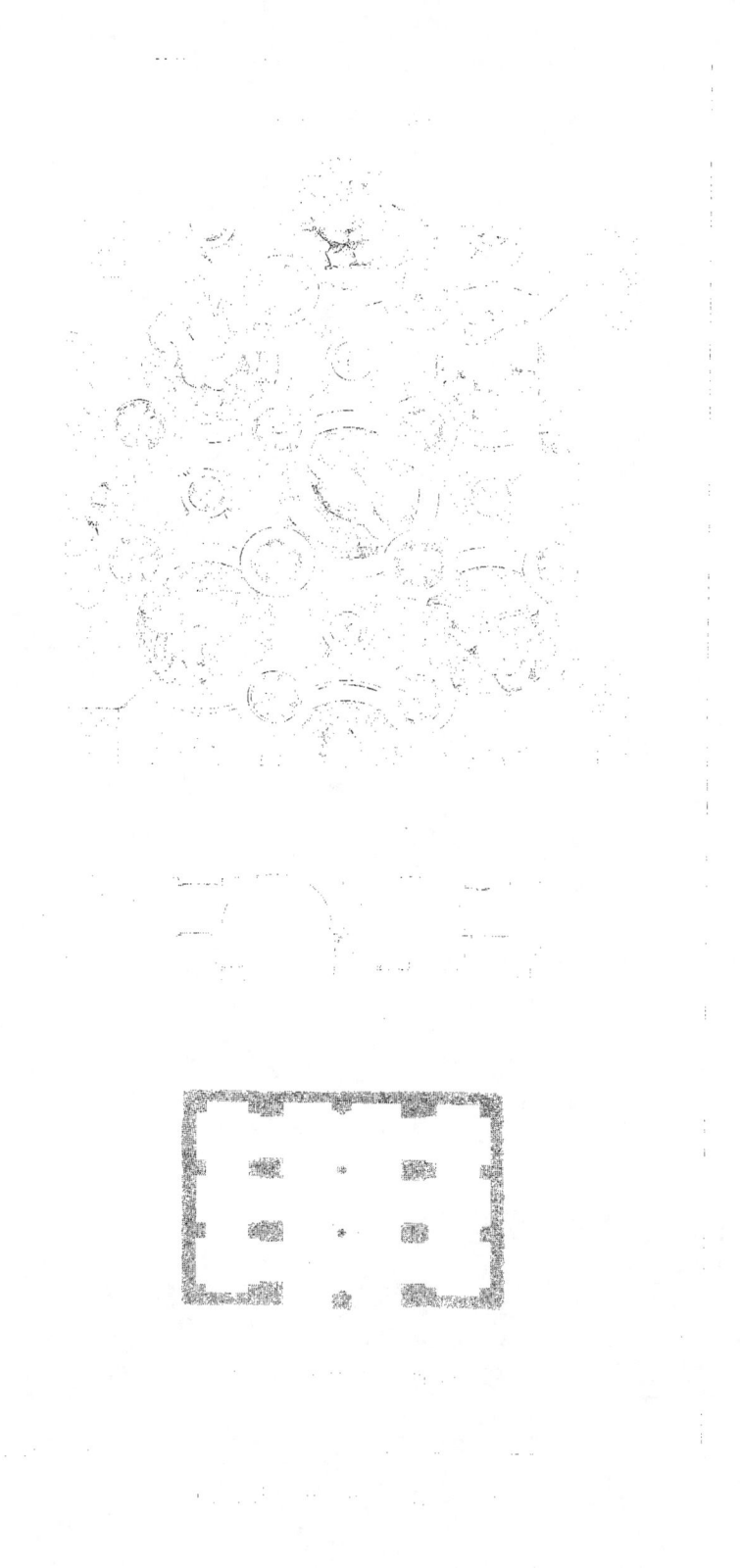

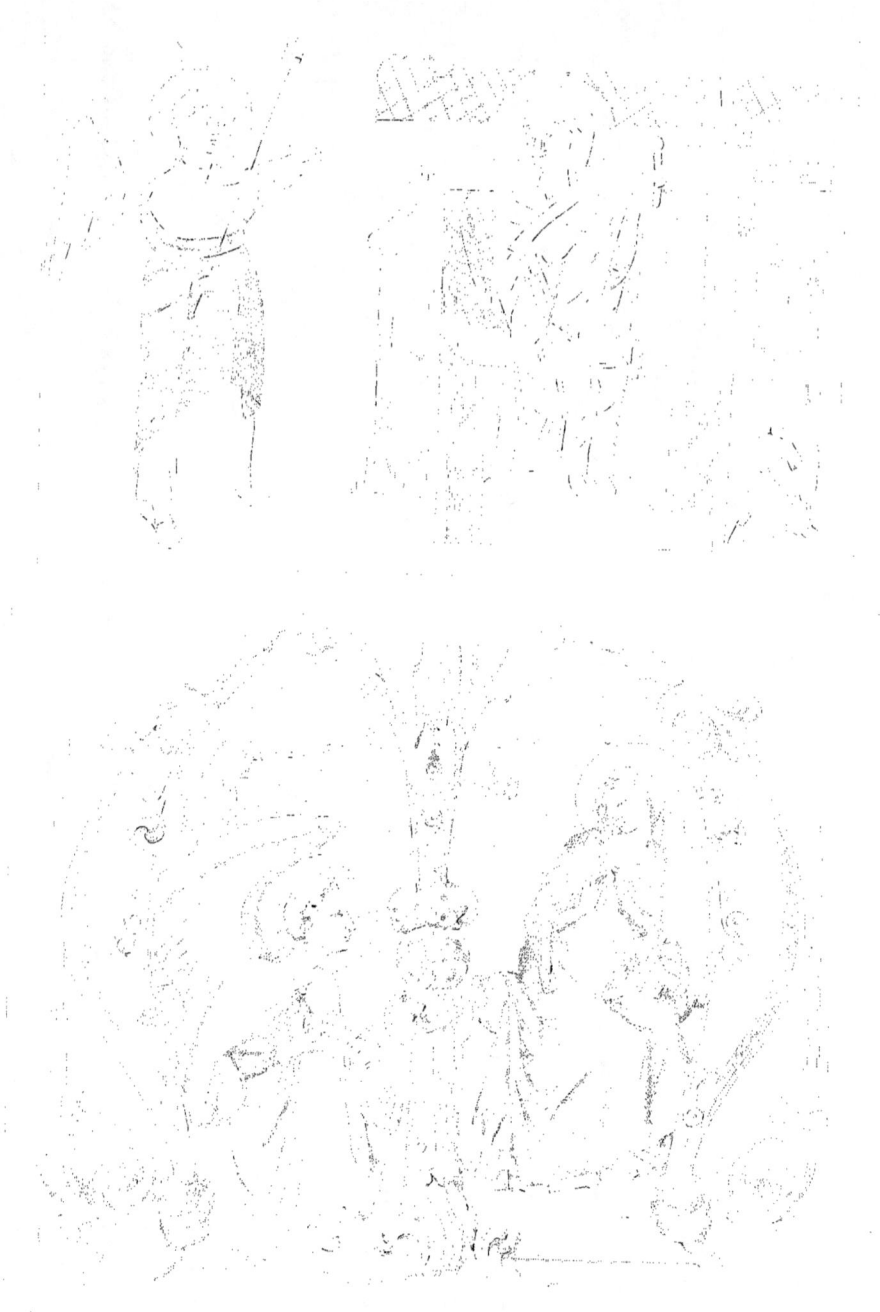

www.ingramcontent.com/pod-product-compliance
Lightning Source LLC
LaVergne TN
LVHW021719080426
835510LV00010B/1043